5 MINUTEN-SAUCEN

30 schnelle und einfache Rezepte

5 MINUTEN-SAUCEN

30 schnelle und einfache Rezepte

Michael Oliver

Bechtermünz

FÜR LAURA UND CATRIONA

Titel der Originalausgabe
Five-Minute Pasta Sauces

© für Text und Illustrationen1996 by Breslich & Foss Ltd., London

Deutsche Erstausgabe

© 2002 der deutschen Ausgabe und Übersetzung by
Verlagsgruppe Weltbild GmbH, Steinerne Furt, 86167 Augsburg
Redaktion: Janet Ravenscroft
Layout und Design: Roger Daniels, Lisa Tai
Fotografie: David Armstrong
Styling: Susie Gittins
Illustrationen: Madeleine David
Hauswirtschaftliche Beratung: Michael Oliver
Koordination und Bearbeitung der deutschen Ausgabe:
bookwise Medienproduktion GmbH, München
Übertragung ins Deutsche: Jens Bommel
Umschlaggestaltung: Tom Freiwah, Faktor F, Greifenberg
Umschlagmotiv: Tom Freiwah, Greifenberg
Gesamtherstellung: J. P. Himmer GmbH Druckerei und Verlag,
Steinerne Furt 95, 86167 Augsburg

Printed in Germany

ISBN 3-8289-1119-6

Einkaufen im Internet: www.weltbild.de

Inhalt

DIE FÜNF-MINUTEN-METHODE

NIEMAND WEISS GENAU, wann die Pasta erfunden wurde. Früher glaubte man, Marco Polo hätte sie Ende des 13. Jahrhunderts von China nach Italien gebracht. Doch gibt es Hinweise, dass man sich schon im Alten Rom Pasta munden ließ. Wie dem auch sei, Pasta ist sehr nahrhaft, verblüffend vielfältig und abwechslungsreich. Sie ist reich an Kohlehydraten, enthält kaum Fett und liefert dem Körper über lange Zeit Energie. Man kennt Hunderte verschiedene Pastaformen, zu denen es genauso viele wunderbare Saucen gibt. Das Schöne ist, dass eine delikate Pasta im Handumdrehen zubereitet ist, ohne dass man dabei auf Fertigsaucen oder gar den Mikrowellenherd zurückgreifen muss.

Eines der großartigsten Merkmale der italienischen Küche ist ihre Einfachheit: Man muss nicht über unzählige Zutaten, aufwändige Techniken und einen riesigen Erfahrungsschatz verfügen, um zu einem Ergebnis zu kommen. So verhält es sich auch mit diesem Buch. Die hier vorgestellten Saucen sind einfach zuzubereiten und nehmen wenig Zeit in Anspruch. Aus kontrastreichen bzw. sich ergänzenden Zutaten und Aromen entstehen schmackhafte Gerichte, die sich wunderbar als Hauptgericht oder in kleineren Mengen als warme Vorspeise eignen. Eines ist jedoch unverzichtbar: die Qualität und Frische der Zutaten. Ein Pastagericht ist immer nur so gut wie seine Zutaten, besonders wenn die Zubereitung schnell und einfach ist.

Die meisten Saucen in diesem Buch werden auf der Grundlage von Tomaten, Öl, Eiern oder Sahne zubereitet, zu denen sich weitere, teils ungewöhnliche Zutaten gesellen. In einem Kapitel dieses Buches finden sich neben diesen Grundsaucen auch Beispiele für ungewöhnliche und exotische Pastasaucen, die aber allesamt zum Repertoire der italienischen Küche gehören. Zu jedem Rezept werden bestimmte Pastaformen empfohlen, die besonders gut mit der Sauce harmonieren, weil sie auf Grund ihrer Form z. B. mehr Sauce aufnehmen können. Bei einigen Rezepten werden auch klassische Abwandlungen und interessante Alternativen zur Grundzubereitung aufgeführt.

WORAUS PASTA BESTEHT

Getrocknete Pasta: Fast alle Pastasorten werden aus einem speziellen Hartweizen – dem Durum-Weizen – hergestellt, der zu Hartweizengrieß oder -mehl vermahlen wird. Der einfachste Nudelteig besteht aus Durum-Weizenmehl und Wasser. Er wird ausgerollt, geformt und getrocknet. Diese Form der Pasta, meist sind es Spaghetti, Makkaroni, Penne u. a.,

Pasta ist nahrhaft und äußerst vielseitig.

kommt fast immer abgepackt in den Handel. Man nimmt sie hauptsächlich für Saucen auf der Grundlage von Tomaten oder Öl.

Eierpasta: Pasta all'uova ist weicher und gehaltvoller. Man bereitet sie aus Durum-Weizen oder Weichweizenmehl und Eiern zu. Manchmal gibt man etwas Wasser oder Olivenöl in den Teig. Getrocknete Eiernudeln sind heute in eigentlich allen Supermärkten erhältlich. Meist handelt es sich um Tagliatelle, Fettucine oder die breiten Lasagneblätter. Eierpasta passt sehr gut zu Sahnesaucen. Am besten ist natürlich eine selbst gemachte frische Eierpasta, nur benötigt man dafür entsprechend viel Zeit. Es gibt sie aber auch offen oder abgepackt und häufig auch gekühlt in Feinkostgeschäften. So bleibt dem Koch mehr Zeit für die Zubereitung einer delikaten Sauce. Frische Eierpasta muss sofort verbraucht werden.
Darüber hinaus gibt es noch Pasta aus Vollweizen oder Dinkel oder solche, die mit Spinat, Rote Bete, Safran oder sogar der Tinte von Tintenfischen gefärbt wird. Eine solche schwarze Pasta reicht man am besten mit einer Sauce aus Fisch oder Meeresfrüchten.

DIE WICHTIGSTEN FORMEN

Obgleich man nur zwei Grundarten von Pasta unterscheidet, gibt es unzählig viele Formen. Oft sind die Unterschiede so gering, dass man sie auf den ersten Blick nicht unterscheiden kann. Tonnarelli und Spaghetti sehen fast gleich aus; nur im Querschnitt betrachtet, sieht man, dass Erstere rechteckig und Letztere rund sind. Noch komplizierter wird es, wenn die gleiche Pastaform in verschiedenen Regionen Italiens unter unterschiedlichen Bezeichnungen bekannt ist. Dennoch lassen sich all die vielen Pastaformen und -bezeichnungen wie nachstehend in ein paar wenigen Gruppen zusammenfassen.

Lange Pasta: Die Spaghetti sind sicherlich die bekannteste Pasta, obwohl es viele weitere lange Pastaformen gibt, angefangen von den dünnen, flachen Linguine und Trenette bis zu den eigentümlich aussehenden Fusilli oder Bucati lunghi, die an lange hohle Federn erinnern. Die nachstehende Liste führt einige der gebräuchlisten und bekannteren Formen auf. Im Allgemeinen eignen sich lange Pastaformen für leichtere Saucen auf der Grundlage von Öl, Eiern oder Tomaten. Dickere Formen, wie Ziti oder Bucatini – eine Art flache, hohle Spaghetti –, eignen sich vor allem für schwerere Saucen. Die meisten langen Pastaformen kommen getrocknet und abgepackt in den Handel.

Spaghetti: Die klassische Pastaform. Ideal zu dünnen Saucen und Tomatensaucen oder Saucen auf der Grundlage von Ei oder Öl.

Spaghettini: Die Endung -ini bedeutet klein. Spaghettini sind einfach eine dünnere Version der Spaghetti.

Linguine: Eine Art flache Spaghetti, ideal zu Saucen mit Meeresfrüchten.

Trenette: Eine schmalere Version der Linguine, beinahe quadratisch im Querschnitt. Man reicht sie traditionell zu Pesto.

Bucatini: Eine dickere, hohle Version der Spaghetti. Der Durchmesser der Pasta und des Lochs können variieren. Die dicksten Bucatini erinnern an gerade, ellenlange Makkaroni.

Fusilli lunghi: Spiralförmige Pastaschläuche, die aussehen wie lang gezogene Federn. Sie eignen sich gut für gröbere Saucen. Fusilli oder Bucati lunghi sind durchgehend hohl.

Flache Pasta: Flache, bandförmige Pasta stellt man meist aus pasta all'uova her. Es gibt sie getrocknet oder „frisch" (siehe oben). Fettucine und Tagliatelle sind die bekanntesten Formen. Beide Sorten sind dünn und flach, wobei Fettucine für

gewöhnlich schmaler sind als Tagliatelle. Sie kommen gerade oder in Form von Nestern in den Handel. Zu den weniger bekannten Formen zählen Pappardelle, Tonnarelli und Lasagnette. Die delikate, leicht absorbierende Konsistenz dieser Eiernudeln passt perfekt zu Sahne- oder Buttersaucen.

Tagliatelle: Die klassische Eierpasta. Sie eignet sich gut für fettreiche oder Sahnesaucen.

Fettucine: Sie sind etwas schmaler und dicker als Tagliatelle.

Paglia e fieno: Die Kombination aus grünen und weißen Fettucine nennt man in Italien paglia e fieno, zu Deutsch „Stroh und Heu". Die grünen Nudeln erhalten ihre Farbe durch fein gehackten Spinat, der in den Nudelteig geknetet wird.

Paglia e fieno wird häufig zu einer Sauce aus Schinken und Erbsen serviert.

Pappardelle: Eine breite Bandnudel, die in der Regel mindestens 1,5 Zentimeter breit ist.

Mafalde oder *Mafaldini:* Wie Pappardelle, nur mit seitlichen Rändern, die an Sägeblätter erinnern.

Lasagnette: Eine breite Bandnudel mit welligen Rändern.

Lasagne: Breite, flache Pastablätter, die für überbackene Gerichte verwendet werden.

Pastarohre: Schlauchförmige Pasta wird meist aus einem Mehl-Wasser-Teig hergestellt und passt gut zu gröberen Saucen oder Tomatensaucen. Kurze, hohle Makkaroni sind vielleicht

die bekanntesten Pastarohre. Es gibt aber viele weitere Varianten, darunter die spitz geschnittenen Penne, ferner glatte (Lisci) und auch gerillte (Rigati) Varianten.

Rigatoni: Dicke kurze Rohre, meist gerillt. Die dicksten Sorten nimmt man gerne zum Überbacken und weniger für Gerichte mit Sauce.

Makkaroni: Die berühmteste rohrförmige Pasta. Eine kurzes, schmales Pastarohr mit einer leichten Biegung. Sie kommt mit glatter oder gerillter Oberfläche in den Handel.

Penne: „Federkiele" – kurze gerade Schläuche, die an beiden Enden schräg abgeschnitten werden. Sie sind außen glatt oder gerillt.

Torchietti: „Kleine Fackel" – aus einem Blatt Pasta, das zu einem dünnen Konus eingerollt

wird. Im Gegensatz zu den meisten anderen Pastarohren werden Torchietti gewöhnlich aus Eierpasta hergestellt.

Amori: Auch Cavatappi genannt. Sie sehen aus wie korkenzieherförmige Makkaroni.

Andere Formen: Der Erfindungsreichtum der Pastahersteller kennt keine Grenzen. Es gibt Formen, die an Muschelschalen (Maruzze, Conchiglie), Schnecken (Lumache), Wagenräder (Ruote di carro) und Heizkörper (Radiatori) erinnern. Sogar ein Autohersteller hat eine Pastaform entworfen (Marille), die ein Maximum an Sauce aufnehmen kann. Diese Formen kommen alle getrocknet in den Handel. Nachstehend ein paar bekanntere Formen:

Farfalle: Wörtlich „Schmetterlinge" – eine an den seitlichen Rändern gezackte Pasta, die an eine Smoking-Fliege erinnert.

Conchiglie: „Meeresschnecken". Es gibt sie glatt oder gerillt.

Fusilli: Eine flache spiralförmige Pasta, die an das Gewinde einer Schraube erinnert.

Orecchiette: „Kleine Ohren" – vertiefte Scheiben aus einem Mehl-Wasser-Teig.

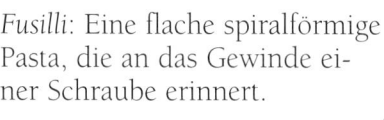

Dann gibt es noch die klassischen gefüllten Pastaformen, wie Ravioli und Tortellini, die aus Eierpasta hergestellt und mit Fleisch, Käse oder Spinat gefüllt werden. Da man sie nicht innerhalb von fünf Minuten zubereiten kann, wurden sie hier außer Acht gelassen. Außerdem geht es in diesem Buch um die Zubereitung von Fünf-Minuten-Saucen und nicht um die Herstellung von Pasta – was nicht heißt, dass fertige Ravioli mit einer einfachen Sauce aus Sahne oder Olivenöl keine schnelle und sättigende Mahlzeit sein können.

Einige nützliche Formen für den Vorratsschrank: Es gibt so viele unterschiedliche Pastaformen, dass man eine ganze Speisekammer mit nichts anderem als Pasta füllen könnte. Da nun aber Platz zum Lagern von Lebensmitteln in den meisten Küchen eher knapp ist, sollte man sich damit begnügen, die gebräuchlichsten und vielseitigsten Pastaformen auf Vorrat zu haben und eine spezielle Pasta dann zu kaufen, wenn man sie braucht.

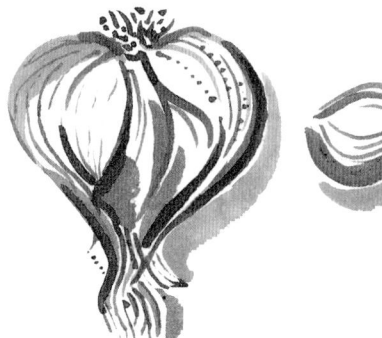

Zu den wichtigsten Sorten, die man vorrätig haben sollte, zählen Spaghetti, Penne oder Fusilli, Tagliatelle oder Fettucine und Linguine. Die meisten Saucen in diesem Buch kann man mit einer der vorstehend aufgeführten Pastaformen servieren, obgleich zu jeder Sauce eine Reihe bestimmter Pastasorten empfohlen werden.

ÜBER DAS KOCHEN VON PASTA

Die meisten Pastasorten haben eine Garzeit von etwas mehr als fünf Minuten. Eine Ausnahme bilden frische Pasta (siehe oben) und besondere schnell garende Sorten, wie z. B. Drei-Minuten-Spaghetti, die mit kleinen Rillen versehen sind, um die Garzeit zu verkürzen. Ein Gedanke zu diesem Buch war, dass die Saucen in fünf Minuten zubereitet werden können und so genügend Zeit für das Fertigkochen der Pasta bleibt.

Die Menge an Pasta, die man pro Person reichen möchte, hängt davon ab, ob Sie das Gericht als Vorspeise oder als Hauptspeise servieren möchten. Alle Rezepte in diesem Buch sind für vier Personen als Hauptgang kalkuliert. Als Hauptspeise sollten Sie etwa 100 g Pasta pro Person rechnen, als Vorspeise etwa 75 g.

Für das richtige Garen von Pasta benötigen Sie einen großen Topf, am besten mit Deckel, damit das Wasser schnell wieder zu kochen beginnt, nachdem Sie die Pasta hinein gegeben haben. Ein großer Topf ist auch deshalb wichtig, da die Pasta beim Kochen sehr viel Stärke an das Wasser abgibt. So lässt sich verhindern, dass die Pasta zusammenklebt. Man sollte niemals weniger als zwei Liter Wasser zum Kochen von Pasta nehmen, auch wenn man nur eine kleine Menge garen will. Bringen Sie das Wasser schnell zum Kochen und fügen Sie pro Liter Wasser etwa zwei gehäufte Teelöffel Salz hinzu. Das Salz verleiht der Pasta Geschmack. Sobald das Wasser sprudelnd kocht, geben Sie die Pasta auf einmal hinein. Legen Sie den Deckel auf, damit das Wasser schnell wieder zu kochen beginnt. Nehmen Sie dann den Deckel ab und rühren Sie die Pasta durch. Kochen Sie sie unter gelegentlichem Rühren fertig.

Garzeiten: Unterschiedliche Formen erfordern unterschiedliche Garzeiten. Eine lange dünne Pasta, wie z. B. Spaghetti oder Linguine, benötigt etwa sieben Minuten, dickere Formen, wie Rigatoni oder Fusilli, ein wenig länger. Die exakten Garzeiten sind jedoch von Marke zu Marke unterschiedlich. Befolgen Sie die Angaben auf der Packung und probieren Sie die Pasta kurz vor Ende der empfohlenen Garzeit. Fischen Sie dazu ein Stück Pasta mit Hilfe einer Gabel heraus, lassen Sie es ein wenig abkühlen und beißen Sie hinein. Es sollte weder hart und steif noch weich oder matschig sein. Eine richtig gegarte Pasta ist al dente ("auf den Zahn") gekocht, was so viel wie "bissfest" bedeutet. Im Zweifelsfalle kochen Sie die Pasta besser etwas zu kurz, da sie nach dem Abschütten im Sieb noch ein wenig nachzieht.

Abschütten und Anmachen: Die fertige Pasta wird in ein Sieb abgeschüttet. Schütteln Sie das Sieb, damit überschüssiges Wasser austreten kann. Eine frisch gekochte, heiße Pasta sollte man – wenn möglich – nicht mit kaltem Wasser abschrecken, denn so kann sie das Aroma der Sauce besser aufnehmen. Füllen Sie die heiße Pasta in eine große Schüssel um oder geben Sie sie zurück in den Topf und mischen Sie die entsprechende Sauce gründlich unter. Möchten Sie die Pasta ohne weitere Zutaten servieren, mischen Sie etwas Öl oder ein paar Esslöffel Kochwasser unter die Pasta, damit sie feucht bleibt und nicht klebt. Das Besondere an einem guten Pastagericht liegt in der Kombination der Sauce mit dem Geschmack und der Konsistenz der Pasta selbst.

KÜCHENAUSSTATTUNG

Für die Zubereitung von Pastagerichten benötigt man keine aufwändigen Utensilien. Die meisten der nachstehenden Geräte sind ohnehin in jeder Küche zu finden.

Messer: Zwei gute Messer sind wichtig – ein größeres zum Hacken von Gemüse und Fleisch, ein kleineres zum Putzen von Gemüse oder Schneiden kleinerer Zutaten. Sie sollten scharf sein und deshalb ab und zu geschliffen werden. Zudem benötigen Sie ein großes Schneidbrett. Kräuter lassen sich mit mit einer Mezzaluna (Halbmond), einem Wiegemesser, schnell hacken. Sie können Kräuter aber auch mit dem größeren Messer hacken.

Küchenschere: Mit einer Küchenschere können Sie viel Zeit sparen. Man nimmt sie zum Schneiden von Kräutern, Salatblättern, Parmaschinken oder Räucherlachs.

Töpfe und Pfannen: Sie benötigen mindestens einen großen Kochtopf, am besten mit Deckel, zum Kochen der Pasta (siehe oben). Mit einem Dampfaufsatz, den man auf den Topf setzen kann, können Sie – während die Pasta kocht– Zutaten, wie z. B. Spargel oder Spinat, dämpfen. Natürlich können Sie dazu auch einen separaten Dämpftopf verwenden.

Fast alle Saucen in diesem Buch lassen sich in einer einzigen großen Bratpfanne zubereiten. Sehr gut sind Pfannen mit einer Antihaftbeschichtung und verstärktem Boden.

Sieb: Ein Durchschlag oder ein großes Sieb ist unverzichtbar zum Abschütten der gekochten Pasta.

Löffel und Nudelzange: Mit einem Schaumlöffel kann man z. B. ein Stück Pasta herausnehmen, um den Garpunkt zu testen. Eine Spaghettizange ist nicht wirklich notwendig – man kann stattdessen auch eine Gabel und einen Löffel nehmen. Einen Holzlöffel braucht man zum Rühren der kochenden Pasta und der Saucen.

Küchenmaschine: Für einige Rezepte in diesem Buch wird eine Küchenmaschine zum Zerkleinern von Kräutern oder Nüssen für pestoartige Saucen eingesetzt. Dazu verwendet man das rotierende Schneidemesser des Gerätes. Alternativ dazu kann man die Zutaten auch traditionell von Hand in einem Mörser zerstoßen.

Parmesanreibe: Parmesankäse wird traditionell zu vielen Pastagerichten serviert. Man sollte ihn möglichst frisch gerieben reichen. Man reibt ihn auf der feinsten Reibe einer Vierkantreibe oder benutzt dazu – wenn man häufig Pastagerichte zubereitet– eine spezielle Parmesanreibe. Sie sieht ein wenig aus wie eine Pfeffermühle und ist oben mit einer Kurbel ausgestattet. Man legt ein Stück Parmesan hinein und dreht die Kurbel. Heraus kommt der frisch geriebene Parmesan. Man stellt sie mit einem Stück Parmesan in der Mühle in den Kühlschrank.

Geriebener Parmesan, der verpackt in Tüten oder Bechern verkauft wird, ist entschieden nicht zu empfehlen (siehe unten).

Knoblauchpresse: Sehr nützliches Küchengerät. Zerdrückter Knoblauch gibt länger Aroma ab als fein gehackter.

Zitronenzester: Bei einigen Rezepten werden feine Zitrusschalenstreifen verwendet. Hierzu nimmt man

am besten einen Zitronenzester. Man kann die Schale aber auch auf einer sehr feinen Reibe reiben.

Entsteiner: Mit einem Entsteiner zum Entsteinen von Oliven (eignet sich auch für Kirschen) lässt sich viel Zeit sparen. Einige Knoblauchpressen sind mit einem Entsteiner ausgestattet.

DER SPEISESCHRANK

Für die meisten Pastasaucen und die Fünf-Minuten-Saucen in diesem Buch sind nicht allzu viele Zutaten notwendig. Bestimmte Zutaten sind jedoch unverzichtbar, wie Olivenöl, Tomaten, Eier, Parmesan und nach Geschmack Knoblauch. Je nach Rezept kommen weitere Zutaten hinzu, wie Gemüse, Fleisch, Fisch etc. Für das Gelingen einer Sauce spielt die Qualität und Frische der Zutaten eine wesentliche Rolle.

Legen Sie sich einen gewissen Vorrat an Grundzutaten zu. Viele Fünf-Minuten-Saucen können Sie auf der Grundlage dieser Zutaten zubereiten, und diese je nach Rezept und Geschmack mit speziell für diesen Zweck gekauften Zutaten erweitern.

Dosentomaten: Am besten sind gehackte italienische Pizzatomaten. Dosentomaten sind die Grundlage für viele Saucen in diesem Buch. Sie sollten stets zwei bis drei Dosen auf Vorrat haben. Zum Teil gibt es sie auch bereits mit Basilikum und Knoblauch gewürzt.

Zerdrückte Tomaten: Ein Mittelding zwischen gehackten Tomaten und Tomatenpüree. Sie kommen meist in Gläsern oder Kartons in den Handel. Passata ist noch glatter und ohne Kerne.

Getrocknete Tomaten: Sie sind rostbraun, besitzen einen intensiven, delikaten, leicht salzigen Geschmack und kommen meist in Öl und Gewürzen eingelegt in den Handel.

Knoblauch: Am besten sind frische Knollen. Lagern Sie sie an einem dunklen Ort, damit sie nicht zu keimen beginnen.

Olivenöl: Olivenöl ist nicht nur Öl, sondern auch Gewürz. Nehmen Sie daher stets Olivenöl von guter Qualität. Zum Braten empfiehlt sich ein leichtes, helles Öl, zum Dünsten und Anmachen von Speisen auf jeden Fall ein natives Olivenöl extra. Aus Umbrien, Latium und Sizilien kommen meist sehr kräftige Öle. Toskanische Öle sind oft leicht pfeffrig und blumig. Die mildesten Olivenöle kommen aus Ligurien.

Getrocknete Chilis: Unverzichtbar für scharfe Pastagerichte, wie z. B. *Pancetta und Chilis* (Seite 52). Meist kommen sie verpackt in den Handel. Chiliflocken sind nichts anderes als zerkleinerte getrocknete Chilis. Ersatzweise nimmt man Cayennepfeffer.

Muskatnuss: Ein wichtiges Gewürz für Sahnesaucen oder Saucen auf der Basis von Eiern, siehe *Sahne, Parmesan und Muskatnuss* (Seite 20). Am besten sind ganze Nüsse, von denen man ein wenig frisch in die jeweilige Zubereitung reibt.

Safran: Er verleiht Gerichten eine goldgelbe bis orangerote Farbe und ein unvergleichliches Aroma. Man bekommt ihn in Pulverform oder als ganze Fäden. Meist kommt er in Papierbriefchen oder in kleinen Dosen in den Handel.

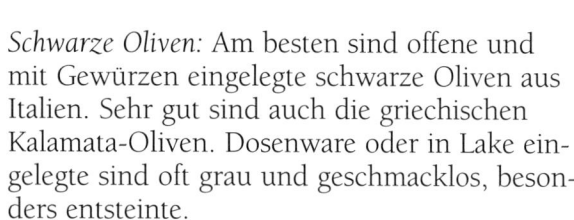

Anschovis: Am meisten Aroma besitzen trocken in Salz eingelegte Anschovis oder -filets. Meist kommen Sie jedoch in Öl eingelegt in den Handel. Vor der Zubereitung sollte man sie gut wässern.

Kapern: Am meisten Aroma besitzen trocken in Salz eingelegte Kapern. Meist kommen sie jedoch in Essig eingelegt in den Handel. Gesalzene Kapern sollte man vor der weiteren Verwendung gut wässern.

Schwarze Oliven: Am besten sind offene und mit Gewürzen eingelegte schwarze Oliven aus Italien. Sehr gut sind auch die griechischen Kalamata-Oliven. Dosenware oder in Lake eingelegte sind oft grau und geschmacklos, besonders entsteinte.

Kräuter: Nehmen Sie stets frische Kräuter und nur wenn unbedingt nötig getrocknete. Es zahlt sich besonders bei Kräuter- und Ölsaucen aus, siehe dazu auch *Ziegenkäse mit Thymian und Pinienkernen* (Seite 22).

Basilikum: Nichts passt so hervorragend zu Tomaten wie frisches Basilikum. Basilikumblätter behalten mehr von ihrem wunderbaren Aroma, wenn man sie zupft und nicht hackt. Auch sollte man frisches Basilikum deshalb stets erst kurz vor dem Servieren in ein Gericht geben.

Petersilie: Glatte Petersilie hat ein volleres Aroma als krause und schmeckt weniger bitter. Allerdings verflüchtigt sich ihr Aroma schneller. Hacken Sie glatte Petersilie deshalb stets erst unmittelbar vor der weiteren Verwendung.

Thymian, Salbei, Oregano, Rosmarin: Für Rezepte, in denen diese Kräuter eine der Hauptzutaten sind, sollten Sie unbedingt frische Kräuter nehmen. Getrockneter Rosmarin eignet sich jedoch besonders gut für *Salsiccia und Rosmarin* (Seite 58).

Pancetta und Speck: Pancetta – von italienisch „pancia", Bauch – findet in vielen italienischen Zubereitungen Verwendung. Der gepökelte, manchmal auch luftgetrocknete, aber ungeräucherte milde Speck kommt meist gerollt in den Handel. Alternativ dazu kann man auch mageren Speck nehmen.

Parmesan: Ein besonders harter Käse, dessen Teig eine leicht körnige Struktur und – wenn überhaupt– nur sehr wenige, kleine Löcher besitzt. In Italien nennt man ihn – nicht zu Unrecht – „den König der Käse". Er ist nicht nur Käse, sondern vor allem auch Gewürz. Für die meisten Pastagerichte ist er schier unverzichtbar. Im Wesentlichen unterscheidet man den Parmigiano reggiano vom Grana padano, wobei Ersterer feiner schmeckt.

Pecorino: Ein Hartkäse aus Schafsmilch, der etwas strenger schmeckt als Parmesan. Vor allem in Süditalien nimmt man ihn gerne als Alternative zum bekannteren Bruder aus dem Norden. Auch für ein Basilikum-Pesto eignet er sich hervorragend.

1
KÄSESAUCEN

SAHNE, PARMESAN UND MUSKATNUSS

Zutaten
200 g Sahne
25 g Butter
1 Msp. Muskatnuss
Salz und frisch gemahlener
    schwarzer Pfeffer
50 g frisch geriebener
    Parmesan
Petersilie zum Garnieren

Wenden Sie die heiße und gut abgetropfte Pasta in der Sauce und servieren Sie sie mit frisch geriebenem Parmesan. Sehr gut eignen sich Fettucine, Tagliatelle oder Fusilli.

Eine klassische Sauce, die häufig mit Nudeln unter dem Namen „Fettucine All'Alfredo" serviert wird – ein Gericht benannt nach dem Koch, der es erfunden hat. Wie viele italienische Rezepte ist sie sehr einfach: Aus wenigen Zutaten entsteht etwas ungemein Köstliches, das nach mehr schmeckt als die Ingredienzen vermuten lassen.

Muskat ist bei dieser Sauce immens wichtig – er schafft einen Ausgleich zur Sahne und betont den Geschmack des Käses. Achten Sie darauf, dass die Sauce beim Reduzieren, wie in Schritt 1, nicht zu stark kocht oder anbrennt. Rühren Sie also häufig bei mittlerer bis niedriger Hitze.

Mit einem grünen Salat serviert ergibt diese reichhaltige Pastasauce eine volle Mahlzeit oder als kleinere Portion auch eine vorzügliche warme Vorspeise. Sahnesaucen wie diese werden meist mit einer bandförmigen Pasta, wie Fettucine oder Tagliatelle, und seltener mit dünnen Nudeln wie Spaghetti serviert.

1 *Sahne und Butter in einer kleinen Pfanne köcheln lassen, dabei regelmäßig rühren, bis die Sauce um ein Drittel eingekocht ist.*

2 *Muskat hinzufügen und die Sauce mit Salz und frisch gemahlenem schwarzen Pfeffer abschmecken.*

3 *Geriebenen Parmesan unterrühren und die Pfanne vom Herd nehmen.*

ZIEGENKÄSE MIT THYMIAN UND PINIENKERNEN

Eine einfache Sauce für einen heißen Sommertag: scharf, mit dem würzigen Geschmack von leicht geschmolzenem Ziegenkäse und mit naturbelassenem Olivenöl und knusprig gerösteten Pinienkernen zubereitet. Mit Spaghetti oder Spaghettini ergibt sie einen leichten Hauptgang.

Fettfrei geröstete Pinienkerne verleihen ihr einen vollen, nussigen Geschmack. Dazu erhitzt man eine Pfanne ohne Öl und rührt die Pinienkerne bei mittlerer bis großer Hitze 1–2 Minuten, ohne dass sie dabei verbrennen.

Frischer Thymian eignet sich am besten für diese Sauce, da er aromatischer ist als getrockneter und von seiner Konsistenz her fester. Streifen Sie die Blätter von den Stielen ab und hacken Sie sie mit einem scharfen großen Messer fein. Anstelle des frischen Thymians können Sie auch frisch gehackte glatte Petersilie nehmen.

1 *Die Pinienkerne bei mittlerer bis großer Hitze in einer kleinen Pfanne ohne Fett goldbraun rösten. Vom Herd nehmen und beiseite stellen.*

2 *Die gehackten Thymianblätter bei mittlerer Hitze in dem Olivenöl in derselben Pfanne etwa 2 Minuten andünsten.*

3 *Die heiße abgetropfte Pasta mit dem Käse, den Pinienkernen und dem heißen Öl mit den Gewürzen in einer großen Schüssel anmachen.*

KRÄUTER, TOMATEN UND MOZZARELLA

Zutaten

200 g Mozzarellakäse

8 Kirschtomaten

2 EL Thymian, gehackt

6 große Basilikumblätter, grob zerpflückt

Salz und frisch gemahlener schwarzer Pfeffer

6 EL natives Olivenöl extra

Die heiße abgetropfte Pasta mit der Sauce anmachen und sofort mit frisch geriebenem Parmesan servieren. Verwenden Sie Spaghetti oder Spaghettini.

Diese Sauce wird nicht gekocht. Das heiße Olivenöl schmilzt den Käse und entfaltet den Geschmack der gehackten Kräuter. Frische Kräuter sind unverzichtbar, doch können Sie diese auch nach Geschmack zusammenstellen: Oregano, Kerbel oder glatte Petersilie sind gute Alternativen. Allerdings sollten Sie auf frisches Basilikum nicht verzichten – es harmoniert ausgezeichnet mit den Tomaten.

Ersetzen Sie einige der Kräuter durch abgetropfte Kapern, entsteinte schwarze Oliven oder Pinienkerne, oder ergänzen Sie die roten mit gelben Kirschtomaten und verwenden Sie nur sehr gutes Olivenöl für die Sauce, denn ihr Geschmack steht und fällt mit dieser Zutat.

Auch bei der Wahl des Mozzarellas sollten Sie Qualität und Geschmack den Vorzug geben. Man unterscheidet zwei Hauptsorten: Mozzarella aus Kuhmilch und den intensiver schmeckenden und auch etwas teureren *mozzarella di buffala* aus Büffelmilch. Wenn Sie wählen können, nehmen Sie Letzteren. Es lohnt sich!

1 *Den Mozzarella in kleine Würfel schneiden und die Tomaten mit einem scharfen Messer vierteln.*

2 *Den Mozzarella und die Tomatenviertel in eine große Schüssel füllen. Thymian und Basilikum hinzufügen und die Zutaten salzen und pfeffern.*

3 *Das Öl in einer kleinen Pfanne erhitzen und über die Zutaten in der Schüssel gießen.*

GORGONZOLASAUCE

Zutaten
100 g Gorgonzola, Dolce-
latte oder anderer Blau-
schimmelkäse
200 g Sahne
25 g Butter
Salz und frisch gemahlener
schwarzer Pfeffer

Machen Sie die heiße und
gut abgetropfte Pasta mit der
Sauce an und servieren Sie
sie sofort mit frisch geriebenem Parmesan. Sehr gut
eignen sich Fusilli, Penne
oder Makkaroni.

Der pikante Geschmack und die weiche Konsistenz machen Gorgonzola zu einer idealen Grundzutat für eine
Fünf-Minuten-Sauce. Schmelzen Sie den Käse einfach in
heißer Sahne und Butter und schmecken Sie die Sauce
mit Salz und Pfeffer ab. Eine schnell zubereitete Pasta,
kräftig und würzig im Geschmack, zu der ein Salat aus
Orangen und Brunnenkresse passt. Reichen Sie dazu
knuspriges Brot, mit dem Sie übrige Sauce im Teller gut
aufnehmen können.

Anstelle des Gorgonzolas können Sie auch milden
Dolcelatte oder andere Blauschimmelkäse, z. B. Roquefort
oder Danish Blue, nehmen. Bei milderen Sorten können
Sie auch mehr Käse in die Sauce geben. Probieren Sie die
fertige Sauce erst, bevor Sie sie mit Salz und Pfeffer abschmecken. Blauschimmelkäse enthält nämlich viel Salz.

Reichen Sie eine Pasta zu der Sauce, die auf Grund
ihrer Form viel Sauce aufnehmen kann, wie z. B. Fusilli –
am besten aus Vollkornweizen: Ihr nussiger Geschmack
harmoniert großartig mit dem würzigen Käse.

*1 Den Käse in kleine Stücke
zerbröckeln.*

*2 Sahne und Butter in einer
kleinen Pfanne bei mittlerer
bis niedriger Stufe erhitzen, bis
die Butter geschmolzen ist.*

*3 Den Käse unterrühren,
bis er geschmolzen und die
Sauce leicht eingedickt ist.
Nach Geschmack mit Salz
und Pfeffer abschmecken.*

ARME-LEUTE-SAUCE

Zutaten
3 Eier
100 g frisch geriebener
   Parmesan
50 g Butter, in kleine Stücke
   geschnitten
Salz und frisch gemahlener
   schwarzer Pfeffer
1 Msp. Muskatnuss (nach
   Geschmack)
Basilikum zum Garnieren

Servieren Sie die Sauce zu
Spaghetti, Rigatoni, Penne
und Fusilli.

Arme-Leute-Sauce heißt so, weil man sie noch zubereiten kann, selbst wenn der Speiseschrank fast leer ist. Sie ist eine der einfachsten und sättigendsten Pastasaucen und ideal als schnelle Mahlzeit für die Familie oder als kleiner Imbiss zu später Stunde. Vor dem Mischen mit der Pasta kann man die Eier auch mit gehackter Petersilie oder Basilikum würzen. Für eine etwas reichhaltigere Version nimmt man anstelle der ganzen Eier, wie in Schritt 1, 6 Eigelbe oder fügt etwas Sahne hinzu. Etwas leichter wird die Sauce, wenn man anstatt der Butter 2 Esslöffel Olivenöl verwendet.

Beim Servieren sollten die Eier noch leicht flüssig sein – durch das Untermengen der heißen Pasta stocken sie und bleiben so wunderbar locker. Wenn Sie sich nicht sicher sind, können Sie die Pasta auch in einer Pfanne bei kleiner Hitze kurz wenden. Achten Sie jedoch darauf, dass die Pasta dabei nicht zu heiß wird, denn sonst entsteht eine weniger schmackhafte Kombination aus Nudeln und Rühreiern.

1 *Die Eier in einer Schüssel leicht schlagen.*

2 *Den Parmesan und die Butter dazugeben. Mit Salz und Pfeffer und nach Geschmack mit Muskatnuss würzen.*

3 *Eine al dente gekochte, heiße Pasta unter die Eier mischen. Durch die Hitze der Nudeln stocken die Eier und bleiben weich und locker.*

RICOTTA UND SPINAT

Zutaten

400 g frischer Blattspinat
   (Gewicht vor dem Putzen),
   gewaschen und abgetropft
100 g Ricotta
75 g frisch geriebener
   Parmesan
50 g Pinienkerne
25 g Butter
Salz und frisch gemahlener
   schwarzer Pfeffer

Mischen Sie die heiße, gut abgetropfte Pasta unter die Sauce und servieren Sie sie sofort mit frisch geriebenem Parmesan. Nehmen Sie dazu Tagliatelle, Pappardelle oder Fettucine.

Jungen Blattspinat kann man gut über dem Topf mit der kochenden Pasta in wenigen Minuten dämpfen und er eignet sich für viele schnelle Saucen. Spinat und Ricotta wird häufig zum Füllen verschiedener Pastasorten, wie z. B. Ravioli oder Tortellini, verwendet. Bei diesem Rezept werden Parmesan und Pinienkerne hinzugefügt, wodurch eine aromatische, pestoartige Sauce entsteht. Wichtig ist, dass der Spinat, wie in Schritt 1, vor dem Dämpfen gehackt wird, damit er die restlichen Zutaten später besser aufnehmen kann. Ist Ihnen die Sauce, wie in Schritt 3, noch zu dick, mixen Sie alle Zutaten – außer den Pinienkernen – in kurzen Hüben in der Küchenmaschine, bis eine glatte Sauce entsteht. Rösten Sie die Pinienkerne nach Geschmack ohne Fett unter Rühren in einer kleinen Pfanne und geben Sie sie anschließend in die Sauce.

Sie können auch Rosinen oder gehackten Knoblauch in die Sauce geben. Wichtig ist nur, dass die Sauce nicht mehrfach erhitzt wird, denn sonst verwandelt sich das Nitrat des Spinates in das ungesunde Nitrit.

1 *Den Spinat klein hacken und 2–3 Minuten über einem Topf mit kochendem Wasser dämpfen.*

2 *Den gedämpften Spinat abgießen und mit einem Holzlöffel möglichst viel Flüssigkeit herausdrücken.*

3 *Den Spinat bei niedriger Stufe in eine Pfanne geben. Übrige Zutaten hinzufügen und rühren, bis die Sauce heiß ist. Salzen und pfeffern.*

2
SAUCEN MIT FISCH UND MEERESFRÜCHTEN

THUNFISCH MIT SCHWARZEN OLIVEN UND ZITRONENZESTEN

Zutaten
2 dünne Thunfischsteaks, roh
4 EL Olivenöl
Saft von $\frac{1}{2}$ Zitrone
12 schwarze Oliven
Schale von $\frac{1}{2}$ Zitrone, in
    dünne Streifen geschnitten
2 EL glatte Petersilie, gehackt
Salz und frisch gemahlener
    schwarzer Pfeffer

Mischen Sie die heiße, gut abgetropfte Pasta unter die Sauce und servieren Sie die Pasta sofort. Nehmen Sie dazu Conchiglie, Penne oder Farfalle.

Ein leichtes und einfach zuzubereitendes Gericht, das reich an geschmacklichen und farblichen Kontrasten ist. Im Grunde ist es ein heißer Nudelsalat, der jedoch nur mit guten und frischen Zutaten gelingt. Thunfischsteaks schmecken am besten, wenn man sie kurz in etwas heißem Olivenöl brät und mit Zitronensaft beträufelt. Für dieses Rezept sollten Sie jedoch durchgebraten sein, damit sich das Fleisch, wie in Schritt 2, leichter zerpflücken lässt. Dazu drückt man das gegarte Fleisch mit einer Messerspitze entlang der Maserung auseinander. Sie können auch Thunfisch aus der Dose nehmen, kurz anbraten und mit Zitronensaft anmachen. Frischer ist jedoch deutlich schmackhafter.

   Nehmen Sie große, fleischige schwarze Oliven, am besten griechische Kalamata. Sie können die Oliven nach Geschmack auch zuvor entsteinen. Im Fachhandel gibt es z. B. Knoblauchpressen mit einer Vorrichtung zum Entsteinen von Oliven.

1 *Die Thunfischsteaks von beiden Seiten kurz in Olivenöl anbraten und anschließend mit Zitronensaft beträufeln.*

2 *Vom Herd nehmen, das Fleisch zerpflücken und die Oliven, Zitronenzesten und Petersilie dazugeben.*

3 *Die Zutaten salzen, pfeffern, das übrige Öl und nach Geschmack Zitronensaft hinzufügen.*

RIESENGARNELEN UND SPARGEL

Zutaten

200 g grüne Spargelspitzen, geputzt

1 Knoblauchzehe, zerstoßen

4 EL Olivenöl

250 g Riesengarnelenschwänze

Frisch gemahlener schwarzer Pfeffer

Mischen Sie die heiße, gut abgetropfte Pasta unter die Garnelen und Spargelspitzen und träufeln Sie das übrige Olivenöl darüber. Vermengen Sie alle Zutaten gründlich miteinander und servieren Sie das Pastagericht sofort. Nehmen Sie dazu Tagliatelle, Linguine oder Spaghetti.

Dieses einfache Rezept besticht durch seine Zutaten. Rosafarbene Garnelenschwänze und grüne Spargelspitzen, dazu eine cremefarbene Pasta schaffen ein an Geschmack und Farben kontrastreiches, delikates Pastagericht. Entfernen Sie auf jeden Fall vor dem Garen die Därme der Garnelenschwänze. Schneiden Sie dazu das Fleisch oben der Länge nach ein und ziehen Sie die Därme mit den Fingern heraus. Sie können die Riesengarnelen auch der Länge nach teilen, natürlich verkürzt sich dann die Garzeit entsprechend.

Den Spargel kann man entweder über der kochenden Pasta dämpfen oder kurz kochen. Doch sollte er nicht weich werden, da die Spitzen danach, wie in Schritt 3, erneut gegart werden. Alternativ dazu können Sie den Knoblauch und das Olivenöl auch weglassen und die Zutaten in einer einfachen Zitronenbutter schwenken. Dazu den gedämpften Spargel kurz in 75 Gramm Butter erhitzen, die Garnelen zugeben und in der Butter garen. Salzen, pfeffern und mit dem Saft einer $\frac{1}{2}$ Zitrone würzen.

1 *Den geputzten Spargel etwa 2 Minuten über dem Topf mit der kochenden Pasta dämpfen. Abtropfen lassen und beiseite stellen.*

2 *Den Knoblauch mit 2 Esslöffeln Olivenöl bei mittlerer Hitze kurz weich dünsten.*

3 *Den gedämpften Spargel dazugeben und unter häufigem Wenden kurz dünsten.*

4 *Die geschälten Garnelenschwänze hinzufügen, salzen, pfeffern und braten, bis sie auf beiden Seiten schön rosa sind.*

KRABBENFLEISCH UND RUCOLA

Zutaten

25 g Butter
150 g Krabbenfleisch
1 getrockneter Chili,
    zerstoßen
100 g Sahne
200 g Rucola (Rauke), grob
    gehackt
Salz und frisch gemahlener
    schwarzer Pfeffer

Mischen Sie die heiße, gut
abgetropfte Pasta unter die
Sauce. Garnieren Sie die
Pasta mit übrigem Rucola und
servieren Sie sie sofort. Nehmen Sie dazu Penne, Farfalle,
Tagliatelle oder Fettucine.

Bei dieser Sauce wird die Reichhaltigkeit der Sahne und
des Krabbenfleisches durch die Schärfe des Chilis und
das würzige scharfe Aroma des Rucola ausgeglichen. Mit
einer Pasta vermischt, die die Sauce gut aufnehmen kann,
wie z. B. Penne oder Farfalle, oder langen Nudeln, wie
Fettucine oder Tagliatelle, erhält man einen üppigen ersten Gang oder eine sättigende volle Mahlzeit.

Krabbenfleisch ist zwar nicht ganz billig, harmoniert
aber ausgezeichnet mit der Sahne, dem Rucola und der
Pasta und eignet sich großartig für eine Fünf-Minuten-
Sauce, da es nicht vorbereitet werden muss.

Lockern Sie das Krabbenfleisch vor der Zubereitung
mit einer Gabel auf. Achten Sie darauf, dass die Pfanne
nicht zu heiß ist, damit das Fleisch nicht anbrennt. Auch
darf es nicht zu lange gegart werden, denn sonst wird das
Krabbenfleisch zu schnell trocken. Es soll mit der Sahne
lediglich kurz zum Kochen gebracht werden.

1 *Die Butter bei niedriger
Hitze zerlassen. Krabben-
fleisch zufügen und mit
dem Chili kurz unter Rühren
erhitzen.*

2 *Die Sahne dazugießen
und die Sauce bei niedriger
Hitze unter Rühren zum
Kochen bringen.*

3 *Einen Großteil des Rucola
unter die Sauce rühren und
diese mit Salz und Pfeffer
abschmecken.*

RÄUCHERLACHS UND SAHNE

Zutaten

200 g Räucherlachs, dünn
    geschnitten
200 g Sahne
Frisch gemahlener schwarzer
    Pfeffer
1 TL gehackter Dill
Dillzweige zum Garnieren

Mischen Sie die heiße, abgetropfte Pasta unter die Sauce
und servieren Sie sie sofort.
Nehmen Sie dazu Tagliatelle
oder Fettucine.

Diese einfache und elegante Sauce ergibt ein leichtes
Hauptgericht oder einen attraktiven ersten Gang. Der
intensive feine Geschmack des Räucherlachses harmoniert vortrefflich mit der Sahne. Statt mit dem Messer
können Sie den Räucherlachs auch mit einer Küchenschere schneiden. Rollen Sie die Lachsscheiben dazu ein
und schneiden Sie die Röllchen in fingerdicke Streifen.

    Bei der Zubereitung der Sauce darf die Sahne nicht
kochen. Es genügt, wenn die Zutaten bei mittlerer Hitze
unter häufigem Rühren lediglich bis zum Siedepunkt
erhitzt werden.

    Geben Sie den gehackten Dill in die fertige Sauce und
garnieren Sie das Pastagericht vor dem Servieren mit einigen Dillzweigen.

    Nach Geschmack können Sie die Sauce auch mit der
abgeriebenen Schale einer halben lauwarm abgebrausten
Limette aromatisieren.

1 *Den Räucherlachs in fingerdicke Streifen schneiden.*

2 *Die Sahne in einer kleinen
Pfanne bei niedriger Hitze erhitzen.*

3 *Die Lachsstreifen hinzufügen. Die Sauce weiter erhitzen, bis der Lachs heiß ist,
und mit etwas Pfeffer würzen.*

JAKOBSMUSCHELN MIT CHILI UND PETERSILIE

Zutaten

1 Knoblauchzehe, zerstoßen
4 EL Olivenöl
16 kleinere frische Jakobs-
    muscheln, ohne Schale
1 getrockneter Chili,
    zerstoßen
150 ml trockener Weißwein
    (nach Geschmack)
3 EL glatte Petersilie, gehackt
Salz und frisch gemahlener
    schwarzer Pfeffer

Mischen Sie die heiße, gut
abgetropfte Pasta unter die
Sauce und servieren Sie sie
sofort. Nehmen Sie dazu
Spaghetti, Spaghettini oder
Linguine.

Jakobsmuscheln mit Chili sind eine traditionelle Kombination, die man in Restaurants überall an der italienischen Küste findet. Diese Sauce ist eine ideale Fünf-
Minuten-Sauce: Sie ist würzig, farbenreich und schnell
zubereitet. Ein feiner erster Gang oder ein leichter Hauptgang. Als Pasta eignen sich am besten Spaghetti, Spaghettini oder Linguine. Die Sauce wird nicht eingedickt und
mit Öl, Wein, Kräutern und Chili zubereitet.

Achten Sie beim Mischen der Sauce mit der Pasta
darauf, dass die Jakobsmuscheln gleichmäßig verteilt
werden. Große Muscheln schneiden Sie vor dem Braten
am besten ein- oder zweimal quer durch. Lassen Sie die
orangefarbenen Kämme jedoch in jedem Fall ganz und
fügen Sie sie erst zu, wenn das weiße Muschelfleisch bereits fast gar ist, da sie besonders zart sind und nur kurz
gegart werden. Sie können die Sauce auch ohne Wein zubereiten und stattdessen eine klare Fisch- oder Geflügel-
brühe verwenden.

1 *Den Knoblauch in dem Öl
bei kleiner bis mittlerer Hitze
kurz weich dünsten.*

2 *Die Jakobsmuscheln und
den Chili zufügen und unter
Rühren kurz anbraten, bis die
Muscheln fast gar sind.*

3 *Den Wein (nach Ge-
schmack) und $^2/_3$ der Petersilie
dazugeben. Einkochen und
mit Salz und Pfeffer würzen.*

GARNELEN MIT TOMATEN UND KNOBLAUCH

Zutaten

1 Knoblauchzehe, zerstoßen
3 EL Olivenöl
350 g Tomaten, ohne Haut, entkernt und zerdrückt
3 EL glatte Petersilie, gehackt
1 getrockneter Chili, zerstoßen
200 g gegarte Garnelen (Shrimps)
150 ml trockener Weißwein (nach Geschmack)
Salz und frisch gemahlener schwarzer Pfeffer

Mischen Sie die heiße, gut abgetropfte Pasta unter die Sauce und garnieren Sie sie mit Petersilie. Reichen Sie dazu Spaghettini, Spaghetti oder Linguine.

Diese Sauce auf der Basis von Tomaten und Knoblauch lässt sich mit fast allen Meeresfrüchten kombinieren. Anstelle der Garnelen kann man auch Miesmuscheln, Venusmuscheln, Kalmar oder mehrere dieser Zutaten verwenden.

Um eine glatte und dicke Sauce zu erhalten, nimmt man am besten frische zerdrückte Tomaten ohne Kerne oder Pizzatomaten aus der Dose. Geschälte Tomaten aus der Dose lässt man vor der Zubereitung abtropfen, damit die Sauce nicht lange eingekocht werden muss. Wein und Chili sind nicht unbedingt erforderlich. Entsprechend gleicht man die Mengen nach Geschmack durch Tomaten oder Pfeffer aus.

Sie können auch Anschovisfilets für eine Fünf-Minuten-Sauce nehmen. Dazu 6 Filets in 100 Milliliter Olivenöl bei mittlerer Hitze ein paar Minuten andünsten. Dann die Filets zerdrücken, Petersilie und Kapern hinzufügen und heiße Penne unter die Anschovissauce mischen.

1 *Den Knoblauch in dem Olivenöl bei mittlerer Hitze kurz andünsten.*

2 *Die Tomaten, ²/₃ der Petersilie und nach Geschmack den Chili zufügen. Die Sauce um ein Drittel einkochen.*

3 *Die Garnelen und nach Geschmack den Wein dazugeben und weitere 2 Minuten kochen. Salzen und pfeffern.*

3
FLEISCHSAUCEN

SCHNELLE CARBONARA

Zutaten

150 g dick geschnittener Pancetta oder durchwachsener Speck, in dünne Streifen geschnitten
3 EL Olivenöl
150 g trockener Weißwein (nach Geschmack)
3 Eigelbe und 1 ganzes Ei
100 g frisch geriebener Parmesan
Salz und frisch gemahlener schwarzer Pfeffer
Petersilie zum Garnieren

Mischen Sie die heiße, gut abgetropfte Pasta unter die Eier und den Käse. Heben Sie die Pancettamischung unter und servieren Sie die Pasta sofort mit frisch geriebenem Parmesan. Nehmen Sie dazu Spaghetti oder Spaghettini.

Carbonara ist ein klassisches Pastagericht und die Rezepte dazu sind so zahlreich, wie es Köche in Italien gibt. Häufig wird sie mit Sahne zubereitet, für diese leichtere Variante nimmt man jedoch Olivenöl.

Die heiße Pasta lässt die verquirlten Eier leicht stocken und durch das Öl entsteht eine glatte Sauce. Der trockene Weißwein ist der Kontrast zu den Eigelben. Man kann ihn aber auch weglassen.

Pancetta ist ein trocken gepökelter, italienischer Speck. Es gibt ihn geräuchert und ungeräuchert, magerer Speck ist eine gute Alternative. Kaufen Sie in jedem Fall dick geschnittene Scheiben, sodass Sie feine Streifen schneiden können, die beim Braten schön knusprig werden.

Es gibt mehrere Möglichkeiten der Zubereitung für diese Art der Carbonara. Geben Sie Sahne und mehr Parmesan in die Eier oder verwenden Sie für eine leichtere Variante anstelle der Eigelbe ganze Eier. Sie können die Carbonara auch durch Zugabe eines zerstoßenen Chilis aufpeppen.

1 *Den Pancetta oder Speck in etwas Öl goldbraun braten.*

2 *Nach Geschmack den Wein dazugießen und leicht einkochen. Die Zutaten auf kleinster Stufe warm stellen.*

3 *Die Eigelbe und das ganze Ei verquirlen, restliches Öl und Parmesan dazugeben, salzen und pfeffern.*

Speck und gebratene Lauchzwiebeln

Zutaten

6 dicke Scheiben nicht geräucherter magerer Speck, in dünne Streifen geschnitten

4 EL Olivenöl

6 große Lauchzwiebeln oder Frühlingszwiebeln, geputzt

Frisch gemahlener schwarzer Pfeffer

Parmesanspäne zum Garnieren

Mischen Sie die heiße, gut abgetropfte Pasta unter den Speck und die Lauchzwiebeln und träufeln Sie das übrige Olivenöl darüber. Nehmen Sie dazu Tagliatelle, Spaghetti oder Fettucine.

In der Pfanne gebratene Lauchzwiebeln schmecken milder als rohe und harmonieren gut mit den knusprigen Speckstreifen und den Parmesanspänen. Ein einfaches und schnell zubereitetes Rezept für eine einfache Mahlzeit, für das man Fettucine oder Spaghetti nimmt.

Die Lauchzwiebeln werden im Ganzen gebraten und anschließend in je drei Stücke geschnitten. Anstelle des Specks kann man auch Pancetta- oder Prosciuttostreifen nehmen, die nach Geschmack roh oder knusprig gebraten unter die Pasta gemischt werden.

Kombinieren Sie auch andere gebratene oder gegrillte Gemüse mit Speck und Parmesan. Mit Olivenöl bestrichene, gegrillte Spargelspitzen oder in Ringe geschnittene, milde und leicht gebräunte rote Zwiebeln sind besonders gut.

Für eine vegetarische Variante nimmt man anstelle des Specks grob gehackte Rucolablätter (Rauke) und kombiniert sie mit reichlich Parmesan.

1 *Den Speck in etwas Öl knusprig und goldbraun braten. Vom Herd nehmen und warm stellen.*

2 *Die Lauchzwiebeln in einer großen Pfanne bei mittlerer bis großer Hitze leicht bräunen.*

3 *Jede Lauchzwiebel in 3 Stücke schneiden und zu dem Speck geben. Mit reichlich schwarzem Pfeffer würzen.*

Pancetta und Chilis

Zutaten

2 EL Olivenöl

6 Lauchzwiebeln oder Frühlingszwiebeln, geputzt, das
Grüne und Weiße grob ge-
hackt und getrennt beiseite
gestellt

150 g Pancetta oder magerer
Speck in Scheiben und in
Streifen geschnitten

2 getrocknete Chilis

350 g gehackte Tomaten
aus der Dose

Salz und frisch gemahlener
schwarzer Pfeffer

Mischen Sie die heiße, gut
abgetropfte Pasta unter die
Sauce. Streuen Sie das geschnittenen Grün der Lauchzwiebeln darüber und servieren Sie die Pasta sofort mit
frisch geriebenem Parmesan.
Nehmen Sie dazu Penne
oder Fusilli.

Arrabiata – Tomaten und Chilisauce – zählt zu den be-
kanntesten italienischen Pastagerichten und kennt zahl-
lose Varianten. Durch den Pancetta oder Speck wird die
Sauce rustikaler, durch die Lauchzwiebeln erhält sie einen
feinen Geschmack sowie Farbe. Beim Schneiden der
Lauchzwiebeln trennt man den weißen vom grünen Teil.
Den grünen Teil gibt man erst ganz zum Schluss in die
Sauce, damit er seine grüne Farbe behält.

Getrocknete Chilis sind eine perfekte Zutat für eine
Fünf-Minuten-Sauce. Sie sind lange haltbar und lassen
sich leicht zerreiben oder zerstoßen. Mit den angegebenen 2 Chilis wird die Sauce schön scharf. Geben Sie die
Chilis also am besten nach und nach in die Sauce, bis sie
scharf genug ist.

Für eine einfache Arrabiata dünstet man fein gehackte
Zwiebeln mit einer zerstoßenen Knoblauchzehe in etwas
Olivenöl weich. Dann fügt man gehackte oder zerdrückte
Tomaten ohne Haut und getrockneten Chili hinzu, kocht
die Sauce ein und mischt sie unter die heiße Pasta.

1 *Das Öl in einer kleinen
Pfanne erhitzen und das
Weiße der Lauchzwiebeln
bei mittlerer Stufe darin
weich dünsten.*

2 *Den Pancetta oder Speck
hinzufügen und goldbraun
braten.*

3 *Die Chilis zerstoßen und
mit den Tomaten dazugeben.
Die Sauce um 1/3 einkochen,
salzen und pfeffern.*

GEFLÜGELLEBER MIT SALBEI

Zutaten

50 g Parmaschinken, in Streifen geschnitten

4 frische Salbeiblätter

50 g Butter

200 g Geflügelleber, geputzt, in kleine Stücke geschnitten und mit Mehl bestäubt

100 ml Marsalawein (nach Geschmack)

2 EL Crème fraîche (nach Geschmack)

Salz und frisch gemahlener schwarzer Pfeffer

Mischen Sie die heiße, gut abgetropfte Pasta unter die Sauce und servieren Sie sie sofort. Nehmen Sie dazu Pappardelle oder Lasagnette.

Geflügelleber ist eine großartige Zutat für eine Fünf-Minuten-Pastasauce. Sie ist preisgünstig, lässt sich leicht zubereiten, kann gut eingefroren werden und taut schnell auf. Entfernen Sie Adern und Gerinnsel und schneiden Sie die Lebern in kleinere Stücke. Bestäuben Sie die Stücke vor dem Braten mit etwas Mehl. Beachten Sie beim Braten, dass die Lebern sehr schnell gar sind: Durch zu langes Garen werden sie hart und verlieren an Geschmack. Sie sollten außen braun und innen rosa und saftig sein.

Marsala ist ein samtiger, häufig lieblicher italienischer Dessertwein, der sehr gut mit dem Geschmack der Geflügellebern harmoniert. Er ist in italienischen Feinkostgeschäften und gut sortierten Supermärkten erhältlich.

Für eine leichtere Sauce dünstet man eine zerstoßene Knoblauchzehe in Olivenöl weich und brät die Lebern rosa. Geben Sie nach Geschmack einige Parmaschinkenstreifen dazu. Löschen Sie die Lebern mit 100 Milliliter Weißwein ab und rühren Sie etwas Tomatenpüree unter. Etwas einkochen lassen, salzen und pfeffern.

1 *Den Parmaschinken und die Salbeiblätter in der Butter bei mittlerer Hitze kurz andünsten.*

2 *Die Geflügellebern dazugeben und kurz von allen Seiten bräunen, sodass sie innen noch gut rosa bleiben.*

3 *Nach Geschmack den Marsalawein zufügen und reduzieren. Die Crème fraîche bei niedriger Hitze unterrühren.*

PARMASCHINKEN UND ERBSEN

Zutaten

150 g Parmaschinken, dünn
   geschnitten
3 EL Olivenöl
150 g TK-Erbsen, aufgetaut
Frisch gemahlener schwarzer
   Pfeffer

Mischen Sie die heiße, gut
abgetropfte Pasta unter die
Sauce und servieren Sie sie
mit frisch geriebenem Parmesan. Nehmen Sie dazu
Spaghetti, Tagliatelle oder
Fettucine.

Milder, aromatischer Parmaschinken, süße Gartenerbsen, etwas Olivenöl und schwarzer Pfeffer aus der Mühle ergeben eine der einfachsten und schmackhaftesten Fünf-Minuten-Pastagerichte. Das Gelingen dieser einfachen und schnell zuzubereitenden Sauce steht und fällt mit der Qualität der Zutaten. Nehmen Sie nur besten Parma- oder – wenn erhältlich – feinen San-Daniele-Schinken. Beide sind zwar nicht ganz billig, aber ihr Geschmack ist unvergleichlich gut. Dünn geschnittener, magerer Speck ist zwar eine Alternative, aber ein erstklassiger luftgetrockneter Rohschinken ist auf jeden Fall vorzuziehen. Beachten Sie beim Salzen der Sauce, dass der Schinken bereits gesalzen ist.

Für eine traditionelle Schinken-Erbsen-Sauce fügt man, wie in Schritt 3, 150 Gramm Sahne hinzu und kocht die Sauce ein, bis sie leicht eingedickt ist. Diese Variante wird häufig mit grünen und weißen Fettucine als *paglia e fieno con prosciutto e piselli* („Stroh und Heu mit Schinken und Erbsen") serviert.

1 *Mit einer Küchenschere den Parmaschinken in fingerdicke Streifen schneiden.*

2 *Die Schinkenstreifen in einer kleinen Pfanne in dem Öl kurz bei mittlerer Hitze anschwitzen.*

3 *Die Erbsen hinzufügen und 2 Minuten unter gelegentlichem Rühren garen. Nach Geschmack würzen.*

SALSICCIA UND ROSMARIN

Zutaten

1 kleine Zwiebel, fein
gehackt

1 Knoblauchzehe, geschält
und zerdrückt

3 EL Olivenöl

1 Zweig Rosmarin, die Blätter
abgestreift und gehackt

200 g Salsiccia-Würste oder
andere frische rohe Brat-
würste aus Schweinsbrät

200 g geschälte Tomaten aus
der Dose, gehackt

150 ml trockener Weißwein
(nach Geschmack)

Salz und frisch gemahlener
schwarzer Pfeffer

Mischen Sie die heiße, gut
abgetropfte Pasta unter die
Sauce und servieren Sie sie
mit frisch geriebenem Parmesan. Nehmen Sie dazu
Penne, Rigatoni, Makkaroni
oder Amori.

Schweinefleisch und Rosmarin sind eine traditionelle
Kombination, die mit Zwiebeln, Knoblauch, Tomaten
und Pasta eine sättigende Mahlzeit ergeben. Mit etwas
knusprigem Brot ist die Sauce das perfekte Mahl an
einem kalten Winterabend. Frische Salsiccia-Würste
sind in italienischen Feinkostgeschäften und gut sortierten Supermärkten erhältlich. Alternativ dazu können
Sie auch andere rohe Schweinsbratwürste von guter
Qualität nehmen. Nur zu fett sollten sie nicht sein.

Entfernen Sie vor der Zubereitung die Haut von den
Würsten und zerdrücken Sie das Brät mit Hilfe einer
Gabel oder eines Holzlöffels.

Anstelle des frischen Rosmarins können Sie auch getrockneten nehmen. Je feiner Sie ihn hacken, desto besser. Im Gegensatz zu Basilikum oder Petersilie behält
getrockneter Rosmarin seine ätherischen Öle und sein
Aroma lange bei. Beim Würzen mit getrocknetem Rosmarin sollte man deshalb vorsichtig sein. Bei stark gewürz-
ten Würsten können Sie den Rosmarin auch weglassen.

1 *Die Zwiebel und den
Knoblauch bei mittlerer Hitze
in dem Öl weich dünsten,
dann den Rosmarin zugeben.*

2 *Die Haut von den Würsten entfernen, das Brät zerdrücken und in der Pfanne
mit den Zwiebeln bräunen.*

3 *Die Tomaten und nach
Geschmack den Wein zufü-
gen, die Sauce einkochen,
bis sie eindickt. Salzen und
pfeffern.*

4
SAUCEN
MIT PFIFF

SAHNE UND ZITRONE

Zutaten
50 g Butter
Saft von 1 Zitrone
Abgeriebene Schale oder
dünne Zesten von 1 un-
behandelten Zitrone
200 g Sahne

Mischen Sie die heiße, gut
abgetropfte Pasta unter die
Sauce und servieren Sie sie
sofort mit frisch geriebenem
Parmesan. Nehmen Sie dazu
Fettucine oder Tagliatelle.

Die Kombination Zitrone und Pasta mag auf den ersten
Blick ungewöhnlich erscheinen, doch das Ergebnis über-
zeugt voll und ganz. Die Sauce ist sehr aromatisch und
schmackhaft und ergibt einen ungewöhnlich erfrischenden ersten Gang. Zudem lässt sich dieser moderne Klas-
siker sehr einfach und schnell zubereiten. Am besten
mischt man Eiernudeln, wie z. B. Tagliatelle oder Fettucine, unter die Sauce.

Da Zitronen heute meist gespritzt und mit einer künst-
lichen Wachsschicht überzogen werden, empfiehlt es sich,
zum Abreiben der Schale unbehandelte Zitronen zu verwenden. Gewachste Zitronen sollte man auf jeden Fall
zuvor unter lauwarmem Wasser abwaschen. Für besonders feine Streifen gibt es im Fachhandel so genannte
Zester, mit denen das Abziehen der Zesten ganz einfach
ist. Alternativ dazu kann man auch mit einem Sparschäler dünne Schalenstücke abschälen und in dünne Streifen
schneiden. Damit die Zesten nicht bitter schmecken,
blanchiert man sie kurz in kochendem Wasser.

1 *Die Butter bei kleiner bis mittlerer Hitze in einer kleinen Pfanne zerlassen.*

2 *Den Zitronensaft und die Zitronenschale unter Rühren dazugeben.*

3 *Die Sahne dazugießen und die Sauce leicht salzen. Bei kleiner bis mittlerer Stufe um etwa $1/3$ einkochen.*

FRISCHE FEIGEN

50 g Butter
6 frische, reife Feigen, geschält und in kleinere Stücke geschnitten, davon ½ Feige in Spalten geteilt
150 g Sahne
Salz und frisch gemahlener schwarzer Pfeffer

Mischen Sie die heiße, gut abgetropfte Pasta unter die Sauce und garnieren Sie die Pasta mit Feigenspalten. Servieren Sie sie sofort mit frisch geriebenem Parmesan. Nehmen Sie dazu Fettucine, Tagliatelle oder Farfalle.

Diese delikate und ansehnliche Sauce eignet sich besonders für einen erfrischenden ersten Gang. Wie bei den meisten Sahnesaucen mischt man sie am besten mit Bandnudeln, wie z. B. Fettucine oder Tagliatelle, oder mit den schmetterlingsförmigen Farfalle.

Achten Sie darauf, dass die Feigen wirklich reif, aber noch fest sind. Ihr rosarotes bis dunkelrotes Fruchtfleisch verleiht der Sauce eine schöne Farbe. Wichtig ist auch, dass sie, wie in Schritt 2, nur kurz angedünstet werden, da sie anschließend in der Sahne weiterkochen.

Nach Geschmack können Sie die Sauce auch mit einem Gläschen Wodka oder – noch besser – Grappa aromatisieren. Löschen Sie dazu die Feigenstücke, wie in Schritt 2, mit etwa 50 Milliliter Wodka oder Grappa ab und lassen Sie einen Großteil verdampfen. Gießen Sie dann die Sahne dazu, nehmen Sie aber etwas weniger Sahne als im Grundrezept, um letztlich die gleiche Menge Sauce zu erhalten. Das feurige Aroma der Spirituose bildet einen interessanten Kontrast zur Süße der Feigen.

1 *Die Butter in einer kleinen Pfanne bei niedriger Stufe erhitzen und aufschäumen lassen.*

2 *Die Feigenstücke dazugeben und in etwa 2 Minuten unter Rühren weich dünsten.*

3 *Die Sahne dazugießen und die Sauce leicht einkochen. Nach Geschmack salzen und pfeffern.*

Walnüsse und Sahne

Zutaten
150 g frische Walnusskerne
50 g Butter
100 g Sahne
50 g frisch geriebener
  Parmesan
2 EL natives Olivenöl extra
Salz

Mischen Sie die heiße, gut abgetropfte Pasta unter die Sauce und servieren Sie sie sofort mit frisch geriebenem Parmesan. Nehmen Sie dazu Lasagnette, Pappardelle, Fettucine oder Fusilli.

Aus Walnüssen, Olivenöl, Sahne und Parmesankäse entsteht eine üppige, pestoartige Sauce, die sich wunderbar für einen ersten Gang eignet. Breite Bandnudeln, wie z. B. Pappardelle, Fettucine oder die spiralförmigen Fusilli, sind die ideale Pasta für diese Sauce.

Es gibt zahlreiche Varianten dieses traditionsreichen Rezeptes. Anstelle der Sahne können Sie auch, wie in Schritt 2, die gleiche Menge Ricotta verwenden. Dadurch wird die Sauce körniger. Häufig nimmt man auch rohen Knoblauch für die Sauce. Geschmacklich überdeckt er jedoch die anderen Zutaten. Abhilfe kann man schaffen, wenn man ihn zunächst weich dünstet oder brät und erst dann in die Sauce gibt. Für eine kräftiger schmeckende Sauce ersetzt man den Parmesan durch geriebenen reifen Pecorino. Verwenden Sie nur frische Walnusskerne für diese Sauce, denn die Nüsse werden durch längere Lagerung schnell ranzig und bitter. Einen Teil der Walnüsse können Sie nach Geschmack auch durch Pinienkerne ersetzen.

1 *Die Walnüsse mit der Butter in eine Küchenmaschine füllen und zu einer nussigen Paste zerkleinern.*

2 *Die Sahne und den Parmesan hinzufügen und unter die Paste mixen.*

3 *Das Öl bei laufendem Gerät langsam zugießen und die Sauce glatt mixen. 1 Esslöffel heißes Wasser zufügen und leicht salzen.*

ORANGE UND MINZE

Zutaten
50 g Butter
Abgezogene Zesten von
    1 Orange
4 große Minzeblätter, grob
    gehackt
Saft von 1 Orange
Salz und frisch gemahlener
    schwarzer Pfeffer

Mischen Sie die heiße und
gut abgetropfte Pasta unter
die Sauce und servieren Sie
die Pasta sofort mit frisch
geriebenem Parmesan.
Nehmen Sie dazu Fettucine,
Tagliatelle oder Pappardelle.

In Florenz kennt man eine Variante dieser Sauce, bei der Sahne und Grappa verwendet werden. Bei diesem vereinfachten Fünf-Minuten-Rezept kommen die Aromen der Orange und der Minze deutlicher heraus. Den einzigen Kontrast hierzu bildet ein wenig Parmesan.

Die Sauce ist sehr delikat und ergibt einen erfrischenden ersten Gang oder einen leichten Hauptgang. Zitrusfrüchte und Minze mögen für eine Pastasauce eigenartig erscheinen, doch das Ergebnis ist wunderbar aromatisch und spricht das Auge an. Am besten nimmt man eine Pasta aus flachen Nudeln, wie z. B. Tagliatelle, Fettucine oder Pappardelle, für die feinen Orangenzesten und die gehackte Minze. Mit etwas Sahne, nach in Schritt 3 eingerührt, erhält man eine üppigere Sauce.

Haben Sie keinen Zester zur Hand, schälen Sie mit einem Sparschäler lange, breite und dünne Schalenstücke ab und schneiden diese in dünne Streifen. Damit die Zesten nicht bitter schmecken, blanchiert man sie vor dem Dünsten kurz in kochendem Wasser.

1 *Die Butter in einer kleinen Pfanne bei niedriger Hitze zerlassen.*

2 *Die Orangenzesten und die Minze hineingeben und 1–2 Minuten bei niedriger Hitze dünsten.*

3 *Den Orangensaft dazugießen und die Sauce etwas einkochen. Nach Geschmack salzen und pfeffern.*

HEISSE MELONE UND PARMASCHINKEN

Zutaten

50 g Butter

1 große Charentais- oder
   Cantaloupe-Melone,
   geschält, entkernt und
   gewürfelt

150 g dünn geschnittener
   Parmaschinken, in größere
   Stücke geteilt

Frisch gemahlener schwarzer
   Pfeffer

Mischen Sie die heiße, gut
abgetropfte Pasta unter die
Sauce und servieren Sie sie
sofort mit frisch geriebenem
Parmesan. Nehmen Sie
dazu Linguine, Fettucine
oder Tagliatelle.

Melone und Parmaschinken sind eine häufige Kombination in der italienischen Küche und werden gerne als erster Gang serviert. Der salzige Schinken wird durch die Süße der frischen Melone perfekt ergänzt. Diese Harmonie funktioniert auch, wenn die Zutaten heiß sind.

Die in der Butter erhitzten Melonenwürfel verbinden sich mit dem Parmaschinken und ergeben eine exzellente süß-salzige Pastasauce für einen ungewöhnlichen ersten Gang mit dünnen Eiernudeln, wie z. B. Linguine.

Die Melone muss frisch und saftig sein, aber nicht zu reif. Duftende, aromareiche Sorten mit orangefarbenem Fleisch, wie die Cantaloupe, sind am besten. Sie können auch eine Cantaloupe mit einer grünfleischigen Galia-Melone kombinieren und so einen farblichen und geschmacklichen Kontrast herstellen. Wichtig ist, dass die Melonenwürfel bei der Zubereitung nicht zu lange gegart werden, denn sonst fallen sie auseinander. Schneiden Sie die Würfel deshalb nicht zu klein. Sie sollen ihre Konsistenz behalten und nur ein wenig von ihrem Saft abgeben.

1 *Die Butter in einer großen Pfanne bei niedriger Hitze zerlassen.*

2 *Die Melonenwürfel dazugeben und in etwa 2 Minuten unter häufigem Wenden weich dünsten.*

3 *Den Parmaschinken hinzufügen und kurz in der Sauce erhitzen. Mit etwas schwarzem Pfeffer würzen.*

Zutaten

100 g Butter, gewürfelt

50 g getrocknete Steinpilze oder Morcheln, eingeweicht (Einweichflüssigkeit aufbewahren)

400 g frische Pfifferlinge, Austernpilze oder Shiitake oder eine Mischung daraus

100 ml Wasser zum Einweichen der getrockneten Pilze Salz und frisch gemahlener schwarzer Pfeffer

Mischen Sie die heiße, gut abgetropfte Pasta unter die Pilze und servieren Sie sie sofort mit frisch geriebenem Parmesan. Nehmen Sie dazu Farfalle, Fettucine, Tagliatelle oder Spaghetti.

WILDPILZE

Porcini (Steinpilze) und Morcheln sind Wildpilze, die wegen ihres intensiven Geschmacks sehr geschätzt werden. Frisch sind sie sehr teuer und nur in der jeweiligen Saison zu haben. In Feinkostgeschäften sind sie auch in getrockneter Form erhältlich. Getrocknete Steinpilze werden meist geschnitten, getrocknete Morcheln im Ganzen angeboten. Schon eine kleine Menge der getrockneten Pilze verleiht einem Gericht mit frischen Pilzen ein wunderbar volles Aroma. Getrocknete Steinpilze, frische Pfifferlinge und Shiitakepilze passen sehr gut zusammen, aber auch alle anderen frischen Speisepilze profitieren ungemein von der Zugabe einer kleinen Menge der getrockneten Pilze. Für eine üppigere Sauce geben Sie in Schritt 3 etwas Sahne hinein.

Getrocknete Pilze weicht man vor der Zubereitung etwa 30 Minuten in warmem Wasser ein und lässt sie gut abtropfen. Die Einweichflüssigkeit ist besonders aromatisch, muss aber vor der weiteren Verwendung durch ein feines Sieb passiert werden.

1 *Die Butter in einer großen Pfanne bei niedriger Hitze zerlassen.*

2 *Die Porcini oder Morcheln hineingeben und 1–2 Minuten in der Butter dünsten.*

3 *Die frischen Pilze und die Einweichflüssigkeit zufügen und die Sauce einkochen, bis sie etwas eingedickt ist.*

5
GEMÜSE- UND KRÄUTERSAUCEN

BASILIKUM, OLIVEN UND GETROCKNETE TOMATEN

Zutaten

100 g getrocknete Tomaten
4 Knoblauchzehen, geschält und zerdrückt
12 schwarze Oliven
1 getrockneter Chili, zerstoßen
4 EL natives Olivenöl extra
8 große Basilikumblätter, in größere Stücke gezupft
8 EL glatte Petersilie, fein gehackt

Mischen Sie die heiße, gut abgetropfte Pasta unter die Sauce, nachdem Sie den Knoblauch entfernt haben, und servieren Sie sie mit frisch geriebenem Parmesan. Nehmen Sie dazu Spaghetti, Spaghettini oder Linguine.

Die einfachsten Rezepte sind häufig die besten. Die Kombination aus Basilikum, Oliven und getrockneten Tomaten ist reich an Farben und Geschmack – das ideale Gericht an einem heißen Sommertag. Servieren Sie es mit knusprigem Brot, mit dem man das aromatische Olivenöl aufnehmen kann. Keine der Zutaten – außer der Pasta – muss gekocht werden.

Zerdrücken Sie die Knoblauchzehen nur leicht, damit sie die restlichen Zutaten nicht zu stark mit ihrem Aroma überdecken. Schälen Sie dazu die Zehen und zerdrücken Sie sie mit der flachen Seite eines Küchenmessers so, dass sie noch ganz bleiben. Nehmen Sie sie kurz vor dem Servieren aus der Schüssel mit den Zutaten heraus: Das Öl hat ihr Aroma inzwischen gut aufgenommen.

Sie können die getrockneten Tomaten auch mit einer Küchenschere in kleine Stücke schneiden. Durch das Zupfen der Basilikumblätter bleibt ihr Aroma weitgehend erhalten und sie bekommen keine schwarzen Stellen.

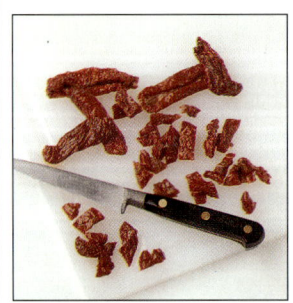  

1 *In Öl eingelegte getrocknete Tomaten abtropfen lassen und mit Küchenkrepp abtupfen. Grob hacken.*

2 *Gehackte Tomaten mit dem Knoblauch, Oliven und Chili in eine große Schüssel geben. Gut mischen.*

3 *Öl, Basilikum und Petersilie untermischen, ein paar Kräuter zum Garnieren beiseite stellen.*

SCHWARZE OLIVEN UND TOMATEN

Zutaten

2 EL Olivenöl

1 Knoblauchzehe, zerstoßen

3 EL glatte Petersilie, fein gehackt

4 Basilikumblätter, grob gezupft

350 g Tomaten aus der Dose, gehackt

10 schwarze Oliven, entsteint und grob gehackt

Salz und frisch gemahlener schwarzer Pfeffer

Mischen Sie die heiße, gut abgetropfte Pasta unter die Sauce und servieren Sie sie sofort mit frisch geriebenem Parmesan. Nehmen Sie dazu Penne, Spaghetti oder Fusilli.

Diese Sauce ist für sich genommen bereits sehr würzig und delikat. Sie ist aber auch Grundlage für viele weitere pfiffige Rezepte. Sie eignet sich gut für eine warme Vorspeise oder einen leichten Hauptgang mit Spaghetti, Penne oder Fusilli.

Die angegebenen Kräuter können Sie nach Geschmack auch durch andere ersetzen bzw. diese mit anderen, wie z. B. Thymian und Oregano, kombinieren. Verwenden Sie ausschließlich von Hand eingelegte Oliven – sie sind wesentlich aromatischer als solche aus der Dose. Entsteinen Sie die Oliven mit Hilfe eines Entsteiners, der häufig bei einer Knoblauchpresse mit dabei ist.

Für eine schnelle würzige Tomatensauce lässt man das Basilikum weg und würzt die Sauce stattdessen mit einem halben zerstoßenen getrockneten Chili. Sie können auch Pancettastreifen oder Kapern hinzufügen. In Salz oder Essig eingelegte Kapern werden zuvor gewaschen und abgetropft. Anstelle der Dosentomaten können sie auch entkernte und enthäutete frische Tomaten nehmen.

1 *Das Öl in einer Pfanne erhitzen und den Knoblauch bei mittlerer Hitze glasig und weich dünsten.*

2 *Petersilie, Basilikum und Tomaten zufügen. Bei mittlerer Stufe kochen, bis die Sauce um 1/3 reduziert ist.*

3 *Die Oliven dazugeben und erhitzen. Nach Geschmack salzen und pfeffern.*

KRÄUTER UND SEMMELBRÖSEL

Zutaten

3 Knoblauchzehen, geschält und in dünne Scheiben geschnitten

6 EL natives Olivenöl extra

150 g glatte Petersilie, fein gehackt

5 EL Semmelbrösel

8 Basilikumblätter, in kleine Stücke gezupft

Salz und frisch gemahlener schwarzer Pfeffer

Gießen Sie die heiße Öl-Kräuter-Sauce über die heiße, gut abgetropfte Pasta. Fügen Sie die Semmelbrösel hinzu und mischen Sie die Pasta gründlich. Servieren Sie sie mit frisch geriebenem Parmesan. Nehmen Sie dazu Spaghetti oder Spaghettini.

Diese Sauce zählt zu den italienischen Klassikern. Sie ist würzig und preisgünstig. Am besten serviert man sie mit Spaghetti oder Spaghettini. Das heiße Öl nimmt die Aromen des Knoblauchs und der Kräuter auf und durch die gebratenen Semmelbrösel, die sich um die Nudeln schließen, erhält die Sauce eine knusprige Note. Nach Geschmack können Sie auch andere Kräuter verwenden: Nehmen Sie frischen Oregano, Thymian, Majoran oder mehrere dieser Kräuter. Haben Sie nur getrocknete Kräuter zur Hand, geben Sie entsprechend mehr in die Sauce. Wenn Sie sich bei der genauen Menge der Kräuter nicht ganz sicher sind, nehmen Sie lieber mehr als zu wenig.

Schneiden Sie die Knoblauchzehen wie gehobelte Mandelblätter in dünne Scheiben. Achten Sie beim Andünsten darauf, dass sie nicht anbrennen, denn sonst schmecken die Knoblauchscheiben bitter. Für einen dezenteren Knoblauchgeschmack schält man eine Zehe, zerdrückt sie mit der flachen Seite der Klinge eines Küchenmessers und reibt die Pfanne, anstelle von Schritt 1, damit aus.

1 *Den Knoblauch in 4 Esslöffeln Olivenöl bei niedriger bis mittlerer Stufe glasig und weich dünsten.*

2 *Die Hitze reduzieren und die Petersilie zufügen. Leicht Farbe nehmen lassen, beiseite stellen und warm halten.*

3 *Übriges Öl in einer weiteren Pfanne erhitzen und die Semmelbrösel darin goldbraun braten. Abschmecken.*

RUCOLA-PESTO

Zutaten
300 g Rucolablätter
100 g Pinienkerne
4 EL natives Olivenöl extra
Salz
100 g frisch geriebener
    Parmesan
25 g Butter
Salz und frisch gemahlener
    schwarzer Pfeffer

Mischen Sie die heiße, gut abgetropfte Pasta mit der Sauce und servieren Sie sie sofort mit frisch geriebenem Parmesan. Nehmen Sie dazu Fusilli, Penne oder Fettucine.

Pesto ist eine der bekanntesten Saucen für Pasta. Gewöhnlich nimmt man dafür frische Basilikumblätter und zerkleinert sie mit Knoblauch, Käse, Pinienkernen und Olivenöl, bis eine feine oder grobe Paste entsteht. Ursprünglich wurden die Zutaten für ein Pesto von Hand in einem Mörser zerstoßen. Dieses Rezept ist eine moderne Variante von Pesto, das mit Rucolablättern zubereitet wird. Ihr rauchiger, leicht scharfer Geschmack ist dafür eine ideale Grundzutat. Im Kühlschrank bleibt das Pesto mehrere Tage frisch, wenn man es mit Olivenöl bedeckt, damit die Oberfläche nicht schwarz wird. Zwar wird das Olivenöl im Kühlschrank meist trüb, es klart aber bei Zimmertemperatur wieder auf.

Für ein traditionelles Basilikum-Pesto nimmt man anstelle des Rucola 300 Gramm frische Basilikumblätter und fügt zu der Mischung aus Schritt 1, eine geschälte und zerdrückte Knoblauchzehe hinzu. Die weitere Zubereitung ist die gleiche wie in den Schritten 2 und 3.

1 *Die Rucolablätter, Pinienkerne, Olivenöl und etwas Salz in der Küchenmaschine fein zerkleinern.*

2 *Den Parmesan hinzufügen und kurz unter die Zutaten mixen.*

3 *Die Butter und 1–2 Esslöffel heißes Wasser dazugeben und das Pesto glatt mixen. Nach Geschmack würzen.*

ZUCCHINI MIT SAHNE UND SAFRAN

Zutaten
50 g Butter
300 g Zucchini, in Stäbchen
    geschnitten
200 g Sahne
$\frac{1}{4}$ TL Safranpulver
Salz und frisch gemahlener
    schwarzer Pfeffer

Mischen Sie die heiße, gut
abgetropfte Pasta unter die
Sauce und servieren Sie sie
sofort mit frisch geriebenem
Parmesan. Nehmen Sie dazu
Fettucine oder Tagliatelle.

Safran wird aus den Narben der Krokusblüte gewonnen. Er besitzt eine kräftige orangerote Farbe und einen feinen unverwechselbaren Geschmack. Er zählt zu den teuersten Gewürzen der Welt, da seine Ernte sehr arbeitsaufwändig ist. Schon eine geringe Menge dieses Gewürzes genügt, um ein ganzes Gericht mit seinem intensiven Aroma und kräftiger Farbe zu durchdringen. In Feinkostgeschäften und gut sortierten Supermärkten bekommt man Safran als Fäden oder in Pulverform in Papierbriefchen oder kleinen Dosen. Safranfäden weicht man vor der weiteren Verwendung in etwas warmem Wasser ein.

Für die Zucchinistäbchen schneidet man den Strunk und die Spitzen der Zucchini ab und teilt sie längs in zwei Hälften. Jede Hälfte wird in $\frac{1}{2}$ Zentimeter dicke Streifen geteilt, die man in 5 Zentimeter lange Stäbchen schneidet. Die Zucchini müssen nicht geschält werden. Der Kontrast zwischen dem Grün der Zucchini und dem delikaten Gelb der Sahne ist wichtiger Bestandteil dieses Gerichtes.

RADICCHIO UND ZWIEBEL

Zutaten

1 mittelgroße milde Zwiebel,
  grob gehackt
2 EL Olivenöl
150 ml trockener Weißwein
300 g Radicchio, grob
  geschnitten
Salz und frisch gemahlener
  schwarzer Pfeffer
150 g Rucola (Rauke), grob
  gehackt zum Garnieren

Mischen Sie die heiße, gut
abgetropfte Pasta unter die
Zwiebeln und den Radicchio,
und garnieren Sie die Pasta
mit dem Rucola. Servieren
Sie sie sofort mit frisch geriebenem Parmesan. Neh-
men Sie dazu Fettucine oder
Tagliatelle.

Radicchio ist ein leicht bitterer Blattsalat, der gut mit den milden, gedünsteten Zwiebeln harmoniert. Diese leichte und ungewöhnliche Sauce reicht man am besten als warme Vorspeise mit Fettucine oder Tagliatelle, an denen das Öl und der Radicchio gut haften bleiben. Gehackte Rucolablätter oder etwas gehackte glatte Petersilie sorgen für einen interessanten farblichen und geschmacklichen Kontrast.

Der Wein bildet den Gegensatz zum Öl und ist, obwohl man nur wenig davon benötigt, bei diesem Rezept eine wichtige Zutat. Wenn Sie die Sauce ohne Wein zubereiten möchten, dünsten Sie die Zwiebel in Butter an – fügen Sie ein wenig Öl hinzu, damit die Butter beim Erhitzen nicht verbrennt – und sobald der Radicchio, wie in Schritt 3, eingefallen ist, gießen Sie etwa 100 Gramm Sahne in die Sauce. Kochen Sie sie unter Rühren kurz auf, schmecken Sie die Sauce mit Salz und Pfeffer ab und servieren Sie sie sofort. Nach Geschmack können Sie statt des Radicchio, wie in Schritt 3, auch Chicorée nehmen.

1 *Die Zwiebel in einer klei-nen Pfanne bei mittlerer Hitze unter häufigem Rühren glasig dünsten.*

2 *Den Wein dazugießen und weitgehend einkochen.*

3 *Die Hitze reduzieren und den Radicchio zufügen, einfallen lassen und weich dünsten. Nach Geschmack würzen.*

Register